Gerald Drews • ENTE

Rente gut alles gut

Weltbild

Vorbei!

Sie sind jetzt im Ruhestand. Zeit, endlich frischen Wind in Ihr Leben zu bringen! Sicher haben Sie in den letzen Monaten gut überlegt, was Sie mit Ihrer neuen Freiheit anstellen wollen. Viel können wir Ihnen also eigentlich nicht mehr erzählen. Aber vielleicht gelingt uns doch der eine oder andere außerordentliche Blickwinkel? Wäre doch gelacht!

In diesem Sinne wünschen wir Ihnen eine schöne Zeit. Denn Sie wissen ja: Rente gut – alles gut!

Gerald Drews · ENTE Andreas Endres

Fitness-Test

Bin ich wirklich schon im Rentenalter? Oder ist es eigentlich nicht doch noch ein wenig zu früh? Diese Frage haben Sie sich vermutlich in letzter Zeit immer wieder gestellt. Wir können Sie beruhigen. Für die Herren der Schöpfung gilt: Sie sind eigentlich zu jung fürs Rentnerdasein, wenn beim Vorbeigehen eines hübschen Mädchens Ihr Herzschrittmacher das Garagentor öffnet. Und den Damen sei gesagt: Wenn Sie Brad Pitt attraktiver finden als Johannes Heesters, ist ebenfalls noch alles in bester Ordnung.

Beste Voraussetzungen für einen aktiven (Un-) Ruhestand! Außerdem kann es für Freizeit doch nie zu früh sein!

Nehmen Sie sich etwas vor

»Mit 66 Jahren, da fängt das Leben an«, sang weiland Udo Jürgens. Recht hatte er – und wenn Sie schon mit 63 oder früher in den Ruhestand gehen, umso mehr! Daher: Machen Sie Pläne. Damit Sie nicht den Überblick verlieren, sollten Sie sich einen dicken Kalender anschaffen. Wenn Sie jemand spontan auf ein Bier oder einen Kaffee einlädt: Erst mal in den Zeitplaner gucken. So kommt niemand auf die Idee, Sie wären jetzt einfach jederzeit verfügbar. Sobald man seinen Ruhestand so richtig aktiv angeht, ist es mit der Ruhe nämlich erst mal vorbei.

LIEBES, KÖNNTEST DU VIELLEICHT DIE GEBURT UNSERES ENKELKINDES UM DREI TAGE VERSCHIEBEN!?

Freizeitstress?

Natürlich gibt es den, aber er ist allemal besser als der, den Ihnen bis vor kurzem noch Ihr Chef gemacht hat. Weil Verwandte und Bekannte das Wort »Ruhestand« häufig falsch verstehen, müssen Sie Ihnen von Anfang an klarmachen: Sie sind KEIN Gratis-Dienstbote für Amtsgänge aller Art, KEINE Dauerbabysitterin für die nervenden Kleinen, WEDER Gärtner, Klempner, Möbelschlepper NOCH Köchin, Enkelchauffeuse, Einrichtungsberaterin auf Dauerabruf. Wenn Sie darum gebeten werden, den einen oder anderen Job zu übernehmen, deuten Sie auf Ihren prallvollen Kalender. Und fügen Sie bedauernd hinzu: »Ein andermal gern …«

ANSPRECHEN VERBOTEN!
WARNUNG! BISSIGE RENTNERIN!

Lernen von den Alten

Mal ganz ehrlich: Lästige Dinge wie der alltägliche Broterwerb haben Sie gelegentlich daran gehindert, Ihren Laden zu Hause voll im Griff zu behalten. Die Pläne für eine Umstrukturierung des Familienalltags liegen jedoch schon lange fertig in Ihrer Schublade. Jetzt wird es Zeit, den Familienclan zusammenzutrommeln und ihn auf die Zukunft vorzubereiten. Auf eine Zukunft, in der Sie eine entscheidend neue Rolle einnehmen werden. Schließlich könnten Sie JEDERZEIT die Umsetzung Ihrer Pläne überprüfen. Das allein als Drohung sollte schon genügen …

ICH MÖCHTE JEDEN TAG EINE TAFEL SCHOKOLADE, MÖCHTE BIS 23:00 UHR AUFBLEIBEN DÜRFEN, UND ICH WILL MEIN EIGENES PFERD!
?
?
WUNSCHLISTE

Drei, zwei, eins – meins!

Sie haben Ihr Leben lang gespart. Aber jetzt sind SIE dran! Die Kinder sind aus dem Haus, die Bude ist abbezahlt. Also her mit Statussymbolen, die Sie schon lang Ihr eigen nennen wollten, und schönen Dingen für Ihr Heim. Wir wissen längst: Das alles muss nicht unbedingt teuer sein. Denn wozu gibt es Ebay & Co.? Bieten und steigern Sie, was das Zeug hält. Außerdem ist dies auch eine gute Gelegenheit, im Gegenzug alten Krempel loszuwerden, der Sie schon lange nervt! Also all die Dinge, die dann die anderen als Statussymbole ersteigern.

...RENTNER, MÄNNLICH, GEBRAUCHT, MIT KLEINEN MACKEN, GÜNSTIG ZU ERSTEIGERN! 1,- EURO MINDESTGEBOT!
?
TAGESBLATT

Der Neidfaktor

Mal unter uns Männern gesprochen: Falls Sie noch nicht wissen, was Sie mit Ihrer ausbezahlten Lebensversicherung machen sollen, hätten wir einen Tipp für Sie. Sie könnten sich von dem Geld zum Beispiel Ihr Traumauto leisten: ein schickes Cabrio, ein schnittiges Coupé, eine aufregende Limousine. Nichts macht mehr Spaß, als mit so einem Renommierschlitten souverän die linke Autobahnspur für sich zu reservieren. Mit Tempo 90! Denn Sie haben ja Zeit. Und mit geöffnetem Verdeck oder Schiebedach soll man sowieso nicht rasen. Lassen Sie sich nicht beeindrucken, wenn jemand die Lichthupe setzt. Das ist nichts anderes als ein Zeichen von Neid!

OPA, FAHR MAL RECHTS RAN, DiE FRAU MiT DEM KiNDERWAGEN MÖCHTE VORBEi!

Ruf! Mich! An!

Solange Sie berufstätig waren, war ein Handy nicht ganz so wichtig. In der Firma galt dessen Klingeln oft sogar als verpönt, wenn sich Ihre Lieben von zu Hause im Stundentakt meldeten. Aber ab sofort ist es UNVERZICHTBAR! Denn nun kann Ihre Frau Ihnen mitteilen, dass Sie auf dem Heimweg noch schnell 150 Gramm Salami mitbringen könnten. Jetzt können Sie während des Stadtbummels die beste Freundin spontan per SMS auf ein Plauderstündchen ins Stammcafé bestellen. Wo Ihr Mann Sie dann ganz verzweifelt anrufen kann, weil er seine Lieblingssocken nicht findet. Wann und wo Sie wollen, können Sie sich nun dem Plaudern hingeben.

DU, SCHATZ, ICH BIN NUN MIT IRMGARD AUF DER TUPPERPARTY!
MAN OF THE YEAR!
WER IST DER MANN DES JAHRES?

Modernste Technik

Im Internet kann man nicht nur Dinge ersteigern. Am meisten macht es Spaß, eine eigene Homepage anzulegen – oder gar einen Blog. Das sind diese persönlichen Seiten, auf denen man zu allem und jedem seinen Senf dazugeben kann. Schreiben Sie sich von der Seele, was Sie bewegt: Den Ärger mit dem Nachbarn. Die Verdauungsprobleme der sechsmonatigen Enkeltochter. Ihre Einschätzung der Lage im Nahen Osten. Vor allem aber: Ihre Empörung darüber, wie man mit Rentnern umgeht! Sie haben ein gutes Recht auf Ihre Position als Rentnerhasser-Hasser!

MEIN NACHBAR IST NICHT ZU ERTRAGEN!
PUH, DAS KENN ICH!
HEAVY METAL

Schreib mal wieder!

Auch das Schreiben von Leserbriefen ist eine beliebte Beschäftigung von Pensionären. Waren Sie bislang mindestens acht Stunden am Tag durch Ihre Arbeit mehr oder weniger von der Außenwelt abgeschnitten, sind Sie jetzt Tag für Tag mit den Unzulänglichkeiten des Alltags konfrontiert. Wetten, dass der zuständige Stadtrat/Minister/UN-Generalsekretär erst durch Ihren Beitrag im Leserbriefteil erfährt, woran unser Land wirklich krankt? Auch wenn die unmittelbare Wirkung ausbleibt, trösten Sie sich: Leserbriefe werden immerhin mehr gelesen als Blogs.

SCHATZ, ICH GLAUBE, DEIN LESERBRIEF WURDE VERÖFFENTLICHT!

Ein Herz für Tiere

Viele Menschen entdecken erst im Ruhestand ihre tierliebe Ader und legen sich ein Haustier zu. Aber welches Tier ist der ideale Hausgenosse? Papageien und Kanarienvögel machen zu viel Krach. Katzen sind zu eigensinnig. Hunde wollen dauernd ausgeführt werden. Unser Tipp: Küchenschaben eignen sich hervorragend als Haustiere für Rentner. Sie brauchen keinen Käfig und keine Pflege, suchen sich ihr Futter selbst und vermehren sich fleißig. Außerdem schrecken sie ungeliebte Verwandte ab und sind dankbare Abnehmer für Essensreste jeder Art.

NA, WILLST DU AUCH MAL OPAS NEUES HAUSTIER FÜTTERN?
!?
FOOD
FOOD

Liegen bleiben …

… tut einiges, wenn man berufstätig ist. Im Ruhestand können Sie sich nun um alles kümmern, was Sie schon längst mal ordnen wollten. Zum Beispiel die Werkzeugkiste mit den durcheinander geratenen Schrauben, Muttern, Haken und sonstigem Krimskrams. Oder den Schuhkarton mit den alten Fotos, Postkarten und Stickern. Wenn das erst einmal aufgeräumt ist, geht's an die Bücherwand, dann an die Plattensammlung, zum Schluss an den Kleiderschrank. Falls Sie heute keine Lust haben, macht das nichts: Je länger Sie es vor sich herschieben, desto länger haben Sie etwas davon und desto entspannter gehen Sie die Aufräumaktion an.

FRIEDHELM, SOLLTEN WIR DIE KISTE MIT DEINEN BAUKLÖTZEN NICHT LANGSAM MAL ENTSORGEN!?
BAUKLÖTZE
?

Lesen bildet!

Jetzt, wo alles seine Ordnung hat, haben Sie endlich Zeit, all die Bücher zu lesen, die Sie sich schon immer zu Gemüte führen wollten. Die unverzichtbaren Klassiker! Die modernen Liebesromane! Die vielen sinnvollen Sachbücher und Ratgeber zum Thema Ruhestand!

Klingt nicht so spannend? Na ja, seien wir ehrlich: Das Buch, das Sie gerade in Händen halten, ist das einzige, das Sie wirklich brauchen. Es ist informativ. Und witzig. Und vor allem: Es ist schnell durchgelesen. Danach können Sie sich wieder den wichtigen Dingen des Lebens widmen. Genießen Sie ganz einfach die neu gewonnene Freizeit in vollen Zügen!

...§7(1) WER SiCH AN EiNEM ORTE STÄNDiG NiEDERLÄSST, BEGRÜNDET AN DiESEM ORTE SEiNEN WOHNSiTZ!...
GESETZ BUCH §
ZAHN

Neue Hobbys

Das Golfspiel verbindet zwei der wichtigsten Beschäftigungen für die Gesundheit im Alter: Gedächtnistraining und Bewegung. Wenn Sie sich nach einem 200-Meter-Schlag und dem anschließenden Spaziergang zum »Green« noch daran erinnern können, wohin Sie den Ball gepfeffert haben, ist auch mental noch alles im »grünen Bereich«.

Die Preise für Clubmitgliedschaften lassen einen allerdings dennoch oft am eigenen Verstand zweifeln. Daher empfehlen wir: Machen Sie einen flotten Spaziergang zum Schreibwarenhändler und kaufen Sie sich ein Rätselheft – das hält genauso fit und kostet fast nichts!

ENTSCHULDIGEN SIE, JUNGER MANN, ABER GEHÖRT DIESES GELÄNDE NOCH ZUM GOLFPLATZ?

Die Natur ruft

Es gibt zwei Möglichkeiten: Entweder haben Sie schon immer gern im Garten gewerkelt. Oder eben nicht. Für Fall eins gilt: Machen Sie auch im Ruhestand weiter so! War der eigene Garten jedoch bisher für Sie verpönt, sollten Sie schleunigst umdenken.

Erstens: Obst und Gemüse von der eigenen Scholle ist viel gesünder als gekauftes. Zweitens: Es ist billiger. Und drittens: Nichts geht über das stolze Gefühl, sich ganz eng mit der Schöpfung verbunden zu fühlen! Übrigens: Die von dieser Verbundenheit herrührenden Kreuzschmerzen und den Muskelkater können Sie unter der Rubrik »Fitnesstraining« verbuchen.

SCHATZ, 10 ZENTIMETER PRO SAATKORN GENÜGEN WIRKLICH!
?

Ist Sport Mord?

Beim Golfsport haben wir bereits gesehen, dass Fitness auch im Rentenalter ein schwieriges Thema ist. Auch die unter Senioren beliebte Zusammenrottung zu Nordic-Walking-Gruppen ist nicht jedermanns Sache und soll aufgrund des Lärmpegels der Walking-Stöcke schon zu Gehörschäden geführt haben. Für alle, die dem Fitnesstraining daher skeptisch gegenüberstehen, hier ein praktischer Tipp: Nutzen Sie Synergie-Effekte! Ein Beispiel: Überlegen Sie sich beim Binden der Schuhe gleich einmal, was Sie sonst noch tun könnten, wenn Sie sowieso schon dort unten sind. Schon haben Sie sich einmal das Bücken gespart!

MAMA, WAS MACHST DU DENN MIT DEM BUCH DA?
WENN ICH MIR DIE SCHUHE BINDE, SCHAFF ICH IMMER EIN BIS ZWEI KAPITEL!

Sport ist Mord!

Sie sind jetzt im Ruhestand. Sie müssen sich nicht mehr hetzen lassen. Deswegen ist es völlig legitim, überzogene Wünsche abzulehnen. Die mussten Sie schließlich jahrelang zähneknirschend erfüllen. Damit ist jetzt Schluss!

Das gilt gerade auch im Hinblick auf körperliche Tätigkeiten. Wer sinnvoll mit seiner Kraft haushalten will, sollte sich sehr genau überlegen, wofür er sie einsetzt.

Die Entscheidung, welche Tätigkeiten wirklich notwendig sind, wird damit sehr bedeutsam. Über wichtige Entscheidungen sollte man bekanntlich einmal schlafen. Es muss ja nur ein Mittagsschläfchen sein ...

SCHATZ, GEH DOCH BITTE MAL IN DEN KELLER UND BRING KARTOFFELN MIT HOCH!
ABER LIEBLING, **BEIDES ZUSAMMEN** SCHAFF ICH NICHT!
MILK
TAGESBLATT

Entdecke die Langsamkeit!

Aus dem Autoverkehr kann man fürs Leben lernen. Das gilt auch im fortgeschrittenen Alter!

Die gute Nachricht: Wenn Sie es sich, wie besprochen, erlauben, mit Ihrem Luxusschlitten in altersgemäßer Geschmeidigkeit dahinzugleiten, freut das Ihr Punktekonto in Flensburg.

Die weniger gute Nachricht: Statt der Polizei wird nun hin und wieder Ihr Arzt zu Ihnen sagen, Sie sollten einen Gang zurückschalten. Denn mit dem Blutdruck ist es wie mit dem Tempo auf der Autobahn: Die Obergrenze sollte bei 90 bzw. 130 liegen.

VERSUCHT OPA IMMER NOCH, DEINE SCHILDKRÖTE EINZUFANGEN?

Gute Gesundheit!

Im Prinzip gilt: Als Rentner haben Sie topfit zu sein! Denn der Arbeitsstress fällt ja schließlich weg. Und den beliebten »blauen Montag« haben Sie jetzt eigentlich jede Woche. Trotzdem sollten Sie regelmäßige Arztbesuche einplanen – auch wenn Sie sich bester Gesundheit erfreuen. Schließlich ist eine Arztpraxis nicht nur ein Ort der Gesundheitsvorsorge, sondern auch der sozialen Begegnung: Für nur 10 Euro Praxisgebühr im Quartal können Sie im Wartezimmer kostenlos Zeitschriften lesen und meist nette Rentnerkollegen auf ein Pläuschchen treffen. Das damit verbundene Kaffeekränzchen ergibt sich fast wie von selbst.

ALSO, ICH FÜHLE MICH AUCH MIT 65 IMMER MAL WIEDER WIE MIT 40, ALLERDINGS HÖCHSTENS EINE HALBE STUNDE LANG.
ZAHNMEDI

Gute Vorsätze

Viele Menschen begehen kurz vor ihrer Pensionierung den gleichen Fehler, den ein Großteil der Menschheit alljährlich an Silvester pflegt: Sie machen gute Vorsätze. Sobald sie im Ruhestand sind, wollen sie endlich aufhören mit dem Rauchen, dem Trinken und fettem Essen. Aber anders als die Vorsätze für ein neues Jahr sollen solche Entschlüsse gleich für das ganze weitere Leben gelten ... Das kann nicht gutgehen!
Lassen Sie sich nicht von diesem albernen Wahn einfangen. Stellen Sie sich vielmehr die Frage: Wozu dann noch alt werden, wenn man seine kleinen Laster nicht mehr pflegen darf? Man sollte seinen Ruhestand schließlich genießen.

JAWOHL, SCHLUSS MIT DEM ALKOHOL! DARAUF TRINKEN WIR!

Ab aufs Rad!

Gehörten Sie auch zu denen, die mit dem Fahrrad in die Arbeit fuhren, sobald das Thermometer über minus 10 Grad stieg? Dann sollten Sie den Drahtesel auch weiterhin einsetzen. Wenn Sie sich bisher in diesem Zusammenhang eines nicht getraut haben, weil Sie den Spott der Kollegen fürchteten, dann gönnen Sie es sich jetzt: Kaufen Sie sich diese hyperbunten, hautengen Radler-Klamotten (ein »Muss«: der aerodynamische Helm nebst getönter Brille)!
Jeder, der Sie sieht, wird denken, hier trainiert jemand für die nächste Tour de France! Auch, wenn Sie nur zur nächsten Lotto-Annahmestelle radeln.

KARLHEINZ, DU WIRST HEUTE MIT DEM EINKAUFSWAGEN KEINEN NEUEN GESCHWINDIGKEITSREKORD AUFSTELLEN!
NEW
BLUB

Fassadenmalerei

Was für eine herrliche Zeit, in der man sein Äußeres ganz nach Bedarf aufpeppen kann! Das beginnt beim regelmäßigen Besuch im Sonnenstudio, setzt sich fort mit der Beseitigung von Tränensäcken oder – für die Herren der Schöpfung – dem Einsatz von Haarimplantaten und endet bei Ganzkörper-Liftings à la Hollywood. Es ist doch ein tolles Gefühl, wenn Ihr Sohn oder Ihre Tochter beim gemeinsamen Stadtbummel von einem Kumpel mit den Worten begrüßt wird: »Ich wusste gar nicht, dass du jüngere Geschwister hast!« Denn wenn man so alt ist, wie man sich fühlt, hilft jung Aussehen auch beim Fühlen!

ALSO MEISTER, MIR MACHEN SIE MAL SO'N TOTENKOPF AUF DEN ARM UND MEINEM MÄDEL EIN HERZCHEN AUF DEN PO!
?
OTTAT
TATTOO!!

Der Bauch muss weg!

Je älter man wird, desto schwerer ist es, überflüssige Pfunde wieder loszuwerden. Jeder kennt die Problemzonen: Bauch, Beine und Po bei den Damen sowie nur Bauch bei den Herren. Um die Pölsterchen erfolgreich zu bekämpfen, bleibt oft nur das Fitness-Studio. Unser Tipp: Wählen Sie ein Studio, das in der Nähe Ihrer Stammkneipe oder Ihres Lieblingscafés liegt. Legen Sie Ihre Trainingszeit so, dass Sie anschließend Freunde treffen können. Schließlich sollte die körperliche Anstrengung mit einem Pils oder einer Schwarzwälder Kirschtorte belohnt werden.

FÜR MEINEN MANN BITTE ZWEI BESONDERS SCHWERE STÜCKE. SO KANN ER BEIM ESSEN SEINEN BIZEPS TRAINIEREN!
?
CHAMP

Wer die Wahl hat …

Als Sie noch im Berufsleben standen, mussten Sie an gemütlichen Abenden mit Freunden oft eine bittere Entscheidung zwischen zwei Übeln treffen: Früh nach Hause gehen oder am nächsten Tag nicht aus dem Bett kommen und sich den ganzen Tag unausgeschlafen die Arbeit um die Ohren schlagen.
Früh aufstehen müssen Sie nicht mehr. Es ist ein gutes Zeichen, wenn Sie sich bei Ihren Vergnügungen dennoch dazu entscheiden, um 21 Uhr zu Hause zu sein. Denn damit sind Sie in der Gemütlichkeit des Rentnerdaseins angekommen!

WAS, DU WILLST NUN EINEN GANZEN MONAT LANG IN DEINEM SCHAUKELSTUHL SITZEN BLEIBEN? UND DANN?
DANN FANG ICH AN ZU SCHAUKELN!

Definitionssache

Es ist noch gar nicht so lange her, da war es für Sie noch eine Selbstverständlichkeit, öfter mal eine Nacht durchzumachen – wenn auch nicht unter der Woche.

Je älter man wird, desto wichtiger wird dieses Thema! Allerdings bedeutet es nicht mehr, dass Sie die ganze Nacht wach bleiben, sondern das genaue Gegenteil. Wenn Sie heute damit prahlen, bedeutet das nichts anderes als: Sie haben durchgeschlafen, ohne auf die Toilette zu müssen. Falls Sie aber doch wach werden, könnten Sie sich immer noch den nächtlichen Gang zum Bad durch einen Abstecher zum Kühlschrank etwas versüßen.

BÄÄÄÄHHHH....!

Senile Bettflucht

Auch wenn die Blase keine Sperenzchen macht, erkennen Sie eindeutig: Je älter man wird, desto kürzer ist die Nacht. Kurzum: Sie brauchen zunehmend weniger Schlaf. Von diesem Phänomen leben ganze Branchen – unter anderem die Verlage, da sich viele, die des Nachts nicht schlafen können, mit Lesen beschäftigen. Andere Pensionäre nutzen ihre senile Bettflucht gewinnbringender: Sie passen auf die Enkelkinder auf oder verdingen sich als Nachtwächter oder Pförtner, um ein paar Euro hinzuzuverdienen. Am liebsten in der alten Firma ... Gönnen Sie sich anschließend von dem verdienten Geld den einen oder anderen Luxusartikel!

HANS,
KOMM ENDLICH
INS BETT!

Einkaufen macht Spaß!

Um nicht ins soziale Abseits abzudriften, sollten Sie nicht nur Ihre Interessen weiter pflegen, sondern auch neue entwickeln. Fangen wir mit einem einfachen Beispiel an: Ein Leben lang haben Sie an Einkaufstouren keinen Spaß gefunden. Jetzt tun Sie es gern. Und freiwillig. Und zwar genau dann, wenn die anderen Mittagspause oder Feierabend haben! Sie amüsieren sich darüber, wie sich die werktätige Bevölkerung abgehetzt durch die Regale schiebt. Früher waren Sie es, der sich über solche Rentner aufgeregt hat! Jetzt schlagen Sie zurück!

69 CENT!? MOMENT, DAS HAB ICH PASSEND! 20 CENT...22 CENT...27 CENT... 28 CENT...33 CENT...35 CENT...40 CENT...42 CENT... 43 CENT...47 CENT...49 CENT...51 CENT...53 CENT... 54 CENT...56 CENT...5...? OH, PASST NICHT!
?
0,69
BONBON
ANGEBOT

Geld und Leben

Niemand sollte zu viel Bargeld mit sich herumtragen, und Senioren schon gar nicht. Ungetrübtes Shopping-Vergnügen bieten hingegen Scheckkarten. Sprechen Sie mit Ihrer Bank! Viele Kreditinstitute bieten Ruheständlern jetzt ein kostenloses Girokonto! Der besondere Service: Die Geheimzahl der Karte für den Geldautomaten ist einstellig. Und nicht nur das: Sie haben zehn Versuche!

Einen Nachteil hat die Sache allerdings: Sie bekommen nur eine einzige Karte. Verlieren sollten Sie das gute Stück also nach Möglichkeit nicht, denn bei der Ausgabe der Karten ist die Zahl der Versuche begrenzt.

DIESE BLÖDE GEHEIMZAHL! WANN WAR DOCH GLEICH NOCH EINMAL UNSER HOCHZEITSTAG?
GELDAUTOMAT

Kleider machen Leute

Sobald Sie sich mit dem Gedanken abgefunden haben, dass Sie zur Zielgruppe »50 plus« gehören, werden Sie feststellen: Sie werden umworben wie nie. Nicht zuletzt die Modebranche stellt sich immer mehr auf Ihre Wünsche ein.

Gehen Sie daher mit der Zeit. Ein hübsches Sakko, ein schickes Kleid, eine modische Brille, eine flotte Jeans – Sie sind so jung, wie Sie sich fühlen. Und wenn das Haar ergraut, gleichen Sie das einfach durch bunte Stoffe aus. Hinzu kommt ein Accessoire, das man erst im reiferen Alter richtig zu schätzen lernt: Hut tut gut!

WE ARE NOT ALONE
UFO

Vereinte Kräfte

Sie wollten es schon immer tun. Aber bisher hatten Sie einfach keine Zeit. Jetzt ist es so weit: Treten Sie einem Verein bei. Oder mehreren. So kommen Sie unter die Leute, behalten Ihr Ohr am Puls der Zeit. Und können mitreden.
Eine Vereinsmitgliedschaft eignet sich besonders gut für diejenigen unter uns, die ihrer Erwerbsarbeit nachtrauern. Denn, ohne Umschweife gesagt: Es gibt keinen besseren Ersatz fürs Arbeitsleben als einen Verein. Denn nirgendwo wird mehr gestritten, gemobbt und intrigiert, was das Zeug hält. Das hält jung! Und falls Sie sich für einen Sportverein entscheiden, kommt dies gleichzeitig Ihrer Fitness zugute.

WIR SIND DER "CLUB DER WEISEN" UND WIR STEHEN FÜR ERFAHRUNG UND REIFE! ALSO, WER WAR DAS?
WILLST DU MIT MIR GEHEN?
JA
NEIN
VIELLEICHT
?

Graue Eminenz

Wenn Sie mit einer Vereinsmitgliedschaft nicht ausgelastet sind, gibt es nur eins: Gehen Sie in die Politik! Alle Parteien klagen über dramatischen Mitgliederschwund. Das ist Ihre Chance! Sie sind jung (Alles ist relativ!), dynamisch, lebenserfahren.

Denken Sie daran: Konrad Adenauer wurde mit 73 Jahren Bundeskanzler (und blieb es 14 Jahre lang). Kurzum: Es leben die Grauen Panther! Sie sind unser Kandidat! Unser Land wartet auf Sie! Oder zumindest sollte es sich schon mal an Sie gewöhnen, denn in wenigen Jahren wird unser jetziges Alter sowieso das Durchschnittsalter darstellen ...

WOLLT IHR WIRKLICH WEITERHIN IN UNGEPFLEGTEN VORGÄRTEN STEHEN?
UNSER KANDIDAT ZUM SCHUTZ DER GRÜN-ANLAGEN.

Mit Musik geht alles besser

Politik ist nicht so ganz Ihr Ding? Wie wäre es dann mit einem Gesangverein? Schreien Sie nicht gleich entrüstet auf! Das muss beileibe keine spießige Veranstaltung sein, bei der man Volkslieder singt. Überlegen Sie mal: Tina Turner ist Jahrgang 1939, Paul McCartney wurde 1942 geboren, Mick Jagger nur ein Jahr später. Eric Clapton und Liza Minelli sind auch längst vorruhestandsreif. Sprich: Statt »Ännchen von Tharau« böte sich für Ihren Chor auch »Angie« an – von den Rolling Stones natürlich. Die gleichnamige Politikerin ist ja noch nicht in Rente.

I CAN'T GET NO...
...SATiSFACTiON...

Rentnerband

Die »Rentnerband« gehört seit einem Hit von Udo Lindenberg – mittlerweile selbst zur Altersgruppe »60 plus« gehörig – zum festen Sprachschatz des Deutschen. Jetzt können Sie offiziell ausprobieren, wie viel Spaß es macht, zu einer zu gehören. Das bietet viel mehr Möglichkeiten als der Gesangverein, und es müssen ja nicht nur »20 Jahre Dixieland« sein! Und wenn Sie das bisher noch nicht in Erwägung gezogen haben: lernen Sie eben jetzt ein Instrument! Besonders im Trend: Saxophon, Schlagzeug oder E-Gitarre. Sehr zur Freude der Nachbarn. Gilt natürlich auch für Damen! Vielleicht ergeben sich ja sogar ein paar neue Bekanntschaften.

OPA, WIE OFT HAB ICH DIR SCHON GESAGT, DU SOLLST DEINE MUSIK NICHT IMMER SO LAUT SPIELEN!?
?
JAZZ

In guter Erinnerung

Nichts wird in Firmen lieber gesehen, als wenn pensionierte Kolleginnen und Kollegen mal wieder in ihrer alten Abteilung vorbeischauen. Aus eigener Erfahrung kennen Sie am besten die besonders stressigen Zeiten. Kommen Sie deshalb genau dann auf ein Plauderstündchen vorbei, erwähnen Sie, dass Sie anschließend in die Sauna oder ins Café gehen. Auf diese Weise lassen Sie Ihre Kollegen von einst an Ihrem Leben teilnehmen und kommen selbst ein wenig unter die Leute. Mit dem guten Gefühl, dass Sie das alles eigentlich nichts mehr angeht.

UND DAS IST MEIN ALTER ARBEITSPLATZ. HIER BEKAM ICH DAMALS DIESEN AUSSCHLAG!
?

Immer Urlaub

Endlich müssen Urlaubspläne nicht mehr mit irgendeiner Abteilung abgestimmt werden. Das Wort »Urlaubssperre« können Sie endgültig aus dem Gedächtnis streichen. Jetzt können Sie wegfahren, wann und wohin und wie lange Sie möchten. Zugegeben, es ist natürlich auch eine Frage des Geldes. Aber zum wahren Urlaubs-Feeling brauchen Sie gar keine teuren Fernreisen. Stellen Sie sich einfach mal den Wecker auf die Zeit, um die Sie früher an Werktagen raus mussten. Und genießen Sie die wunderbare Erleichterung, wenn Ihnen nach dem Aufwachen klar wird: Ich darf weiterschlafen! Jeder Tag ein Ferientag!

DU GLAUBST GAR NICHT, WIE SEHR ICH DIE ARBEIT VERMISSE. NUR NOCH URLAUB MACHEN KANN JA SOOOOO ANSTRENGEND SEIN!
HOLIDAY

Alternativ-Urlaub

Gemütlich an einen heimeligen Ort gefahren werden. Unter netten Menschen sein. Unterhaltung haben, fast wie im Fernsehen. Genau! Wir sprechen von einer Kaffeefahrt! Die kann wirklich billig und witzig sein. Aber Sie müssen uns versprechen, sich weder ein suuuu-per-güns-tiges Topfset noch eine un-ver-zicht-bare Gesundheitsdecke aufschwatzen zu lassen. Das wäre fatal.

Ansonsten: hoher Unterhaltungswert! Und in der Regel lecker Essen! Und seien wir mal ehrlich: Auf irgendwelche verstaubten Sehenswürdigkeiten können wir jungen Alten in diesem Fall doch verzichten, oder?

FÜR UNSERE KAFFEEFAHRT HABEN WIR DEN KOMPLETTEN BUS ABGEDUNKELT! SO KÖNNEN WIR UNS AUF DAS WESENTLICHE KONZENTRIEREN, DIE **HEIZDECKEN!**
?

Der goldene Mittelweg

Wem die Weltreise zu teuer und die Kaffeefahrt zu popelig ist, dem bleibt immer noch Mallorca. Vor allem, wenn es hierzulande nebelt und schmuddelt, gilt die Balearen-Insel als Paradies für Senioren. Das einzige Risiko, das Sie dabei eingehen: Ihr einstmals verhasster Abteilungsleiter könnte auf die gleiche Idee gekommen sein wie Sie. Dann haben Sie diesen Schleimer jetzt den ganzen Winter an der Hacke und müssen sich endlose Verbrüderungs-Geschichten anhören. Da kann ein Rückflugticket schnell zur Lebensversicherung werden ...

SCHATZ,
SNOWBOARDEN
iST WAS GANZ ANDERES!

Werden Sie Gourmet!

Da Sie nun mehr Zeit für die schönen Dinge des Lebens haben, sollten Sie Ihr Dasein öfter mal mit einem Besuch im Restaurant verschönen. Ein Dorn im Auge ist einem dabei jedoch häufig der so genannte »Seniorenteller«. Während Kindermenüs mit fantasievollen Bezeichnungen wie »Schnitzel Pumuckl«, »Spaghetti Rotkäppchen« oder »Fischstäbchen Moby Dick« aufwarten, fällt den Gastronomen zu Ihrer Zielgruppe nur wenig ein. Wir fordern: Gleiches Recht für alle! Wie wäre es mit »Steak Abendröte«, »Toast Zenit« oder »Salat Spätlese«?

ALS VORSPEISE WÜRDE ICH IHNEN EINE GROSSBUCHSTABENSUPPE EMPFEHLEN!
?

Happy Birthday

Leider, leider: Mit jeder Geburtstagskerze mehr werden Sie daran erinnert, dass Sie eben keine 20 mehr sind. Die Anzahl der feiernswerten runden und halbrunden Geburtstage häuft sich rasend schnell. Dummerweise fühlt sich fast jeder Gratulant bemüßigt, Ihnen zu erzählen, dass Sie eigentlich viel jünger als 60, 65 oder 70 aussehen. Als ob Sie das nicht selber wüssten! Da hilft nur eins: Legen Sie sich ein dickes Fell zu. Lassen Sie es stoisch über sich ergehen. Schließlich zahlen die Ihre Rente! Und letztlich sind Geburtstage doch auch nicht so wichtig. Denn wer im Ruhestand ist, hat ja eigentlich jeden Tag etwas zu feiern!

ESSEN AUF RÄDERN?
GUTSCHEIN
65